BEI GRIN MACHT SICH IHR WISSEN BEZAHLT

- Wir veröffentlichen Ihre Hausarbeit,
  Bachelor- und Masterarbeit

- Ihr eigenes eBook und Buch -
  weltweit in allen wichtigen Shops

- Verdienen Sie an jedem Verkauf

Jetzt bei www.GRIN.com hochladen und kostenlos publizieren

Daniela Kuck

Autorität und Erziehung

Was ist Autorität, welche Erziehungsstile gibt es und wie sieht antiautoritäre Erziehung heute aus?

GRIN Verlag

Bibliografische Information der Deutschen Nationalbibliothek:

Die Deutsche Bibliothek verzeichnet diese Publikation in der Deutschen National-
bibliografie; detaillierte bibliografische Daten sind im Internet über http://dnb.d-
nb.de/ abrufbar.

Impressum:

Copyright © 2011 GRIN Verlag GmbH
Druck und Bindung: Books on Demand GmbH, Norderstedt Germany
ISBN: 978-3-656-62163-8

Dieses Buch bei GRIN:

http://www.grin.com/de/e-book/270666/autoritaet-und-erziehung

GRIN - Your knowledge has value

Der GRIN Verlag publiziert seit 1998 wissenschaftliche Arbeiten von Studenten, Hochschullehrern und anderen Akademikern als eBook und gedrucktes Buch. Die Verlagswebsite www.grin.com ist die ideale Plattform zur Veröffentlichung von Hausarbeiten, Abschlussarbeiten, wissenschaftlichen Aufsätzen, Dissertationen und Fachbüchern.

Besuchen Sie uns im Internet:

http://www.grin.com/

http://www.facebook.com/grincom

http://www.twitter.com/grin_com

UNIVERSITÄT AUGSBURG
PHILOSOPHISCH-SOZIALWISSENSCHAFTLICHE FAKULTÄT
**Lehrstuhl für Pädagogik mit Berücksichtigung der Erwachsenenbildung und
außerschulischen Jugendbildung**

Sommersemester 2011

Seminar
Autorität und Erziehung

Autorität und Erziehung

Was ist Autorität, welche Erziehungsstile gibt es
und wie sieht antiautoritäre Erziehung heute aus?

Verfasser
Daniela Kuck

Abgabe
30.September 2011

Kuck, Daniela
B.A. Erziehungswissenschaft, 2. Semester

INHALTSVERZEICHNIS   Seite

1 Einleitung

Will man sich heute als junges Elternpaar über Erziehung informieren trifft man vermutlich auf immer wiederkehrende Leitsprüche, wie Kinder brauchen Grenzen, Kinder brauchen starke Eltern und Eltern müssen lernen "Nein!" zu sagen. Doch wie soll man dies im Alltag umsetzen? Durch Autorität. In Erziehungsratgebern oder ähnlicher Literatur wird der Begriff Autorität kaum verwendet, er hat irgendwie einen negativen Beigeschmack. Denn Autorität bedeutet Macht und Macht wird oft missbraucht. Die einen haben sie, die anderen unterstehen ihr. Im folgenden will ich versuchen, Autorität zu charakterisieren, verschiedene Erziehungsstile darzustellen und ein Beispiel für antiautoritäre Erziehung in der heutigen Zeit aufzuzeigen.

2 Autoritäre Erziehung

Erziehung ist erforderlich, wenn Lernaufgaben nicht selbstständig erfüllt werden können (vgl. Weber, 1974). Dabei beinhalten Lernhilfen das Erwerben von Wissen, die Weitergaben von Einstellungen und Normen und die Vermittlung der kulturellen Lebensweise. Ein Erziehungsstil charakterisiert demnach verschiedene Erziehungsmaßnahmen und -praktiken.

Der autoritäre Erziehungsstil ist geprägt von der Macht, der Lenkung, der Kontrolle und des Durchsetzungsvermögens des Erziehers. Verbote, Anordnungen, Befehle, Regeln und Befehle sind an der Tagesordnung (vgl. Weber 1974). Wünsche und seelische Bedürfnisse werden ignoriert, alles unterliegt der Kontrolle und Überwachung. Bei Widersprechen erfolgen Drohungen, Gegenmaßnahmen, Demütigungen, Warnungen, auch Bestrafungen. Schlimmer noch: auch körperliche Gewalt dient als Mittel zum Zweck.

Die Distanz zwischen zu Erziehendem und Erzieher wird stets gewahrt und die Überlegenheit demonstriert. Reibungsloser und unkritischer Gehorsam, sowie Konformität und Anpassung gelten als wünschenswert (vgl. Weber 1974). Der autoritäre Erziehungsstil rechtfertigt sich damit, das Beste für die zu Erziehenden zu wollen. Der Erzieher ist dabei die dominierende Person und entscheidet, was passiert oder nicht passiert.

Die aus dem autoritären Erziehungsstil heraus entstehende autoritäre Persönlichkeit legt Wert auf Sauberkeit, Ordnung und Gehorsam. Tradition und Moral sind ihr sehr wichtig, Gefühle lässt sie nicht zu. Angst und Unsicherheit werden durch Disziplin, Härt und Strenge kompensiert, Kritik lehnt sie als destruktiv ab (vgl. Weber 1974). Aggressionen entstehen und werden an Schwächeren ausgelassen.

Ein autoritärer Charakter entsteht durch folgenden Zusammenhang: das zu erziehende Kind ist auf den Schutz und die Fürsorge der Eltern angewiesen, um zu überleben. Aus Angst, diese Betreuung zu verlieren, gehorcht es und identifiziert sich mit den Eltern (vgl. Weber 1974). Je stärker die autoritäre Familienerziehung ist, umso stärker wird auch der autoritäre Charakter des Kindes ausgeprägt.

Die autoritäre Persönlichkeit kann sich entweder passiv oder aktiv-autoritär entwickeln. Die passiv-autoritäre Persönlichkeit nimmt gerne Befehle und Anordnungen entgegen, um selbst keine Entscheidungen treffen zu müssen. Sie sucht Geborgenheit und Schutz bei anderen, stärkeren Persönlichkeiten. Sie flüchtet somit vor der Freiheit in die Abhängigkeit hinein. Die aktiv-autoritäre Persönlichkeit hingegen scheint stark, ist dies aber nur durch diejenigen, über die sie herrscht und Macht ausübt (vgl. Myhre 1991). "Die autoritäre Persönlichkeit ist streng und starr auf Ordnung, Sauberkeit und Gehorsam bedacht. Sie haftet am Traditionellen und Konventionellen insbesondere auch in bezug auf die Moralvorstellungen und lebt in der ständigen Furcht, nicht wie die anderen zu sein" (Weber 1974).

Weiterhin lässt sich Autorität in institutionelle, persönliche und Sach- bzw. Expertenautorität unterteilen. Dabei meint die institutionelle Autorität, diejenige Autorität, die man aufgrund des Amtes, das man inne hat, automatisch besitzt und ausstrahlt. Dies gilt beispielsweise für Richter, Pfarrer, Lehrer, Ärzte und Offiziere. Jedoch gibt es trotzdem Unterschiede zwischen den Autoritäten. Die institutionelle Autorität des Lehrers basiert also nicht auf Machtdenken, so wie beim Richter, sondern soll die Schüler in Richtung Mündigkeit und Selbstständigkeit führen.

Sach- oder Expertenautorität erreicht man durch fachliche Kenntnisse und Fähigkeiten. Doch auch diese Autorität kann missbraucht werden. Durch zu komplexe Zusammenhänge und Theorien wird der Laie entmutigt und demotiviert. Er hat dann keine Lust mehr seinen Verstand zu gebrauchen, was sich kontraproduktiv auswirkt.

Auch heute ist der autoritäre Erziehungsstil im Alltag tagtäglich zu beobachten, wird aber kaum mehr als ein solcher wahrgenommen. Etwa im Supermarkt, wenn die Mutter dem Kind streng sagt, es solle nichts anfassen, oder wenn dem Kind befohlen wird einem Erwachsenen zur Begrüßung die Hand zu geben.

3 Antiautoritäre Erziehung

Entgegen der autoritären Erziehung entstand ca. 1967 die antiautoritäre Erziehung als Gegenbewegung. Hierbei wird jegliche Autorität abgelehnt, sie wird daher als frei, demokratisch und repressionsfrei bezeichnet (vgl. Weber 1974). Sie ist die Alternative und der Gegenentwurf zur herkömmlichen autoritären Erziehung (vgl. Paffrath 1972). Sie wird unterteilt in die antiautoritäre Erziehung liberaler und radikaler sozialistischer Prägung.

3.1 Die antiautoritäre Erziehung liberaler Prägung

Grundlage für die antiautoritäre Erziehung liberaler Prägung ist der Erziehungsroman "Emile" von Jacques Rousseau aus dem 18. Jahrhundert. Darin beschreibt er das Kind als von Natur aus gut, das nur durch äußere Einflüsse entartet (vgl. Weber 1974). Die Erziehung solle einfach nur der Entwicklung des Kindes, also dem Weg der Natur folgen. Er darf nicht direkt eingreifen, sondern soll das Kind frei wachsen lassen. Es soll immer glücklich sein und die Wünsche und Fähigkeiten des Kindes sollten sich decken. Indirekt dürfen Lernhilfen angeboten werden. "Sie bestehen in der Bereitstellung förderlicher Umweltverhältnisse und Herbeiführung fruchtbarer pädagogischer Situationen" (Weber, 1974).

Jegliche Strafen werden abgelehnt. Nur die natürlichen Strafen, also die negativen Konsequenzen und Auswirkungen eines Verhaltens sind zulässig und dafür geeignet, dem Kind sein Fehlverhalten aufzuzeigen. Auch die Privatschule "Summerhill" und deren Erziehungspraktiken gehören zu antiautoritären Erziehung liberaler Prägung. Auf diese soll an späterer Stelle noch eingegangen werden.

3.2 Die antiautoritäre Erziehung sozialistischer Prägung

In der antiautoritären Erziehung sozialistischer Prägung wird versucht, mit Hilfe der Erziehung die Gesellschaft zu verändern. Dabei wird auch politisch Partei ergriffen. Im Gegensatz zu Neill, dem in Summerhill das persönliche Glück der Kinder am

Herzen liegt, ist man bei der sozialistischen antiautoritären Erziehung der Meinung, dass die Kinder nur glücklich sein können, wenn die Gesellschaft revolutioniert und verändert wird. Autorität wird mit Unterdrückung gleichgesetzt und deshalb vehement abgelehnt (vgl. Weber 1974).

Um den autoritären Charakter umstrukturieren zu können und die Einflüsse der herrschenden Klasse zu verhindern, gründete man ab 1967 Kinderkollektive und Kommunen, die sogenannten Kinderläden (vgl. Weber 1974). Diese waren eine Art Kindergarten, in dem die Kinder abgegeben werden konnten, damit die Mütter auf politische Kongresse und Demonstrationen gehen konnten. Die Eltern wechselten sich mit der Betreuung und der Aufsicht ab. Anstatt der autoritären Bezeichnung Kindergarten, wurde die Bezeichnung Kinderladen gewählt. Wahrscheinlich auch deshalb, weil die Betreuungsräume meist leer stehende Ladengeschäfte waren. Zunächst wurden in den Kinderläden nur Kinder von Studenten, später auch Arbeiterkinder und Kinder von anderen linksorientierten Intellektuellen betreut (vgl. Weber 1974).

Die Kinder sollen ihre Wünsche und Bedürfnisse frei äußern und erfüllen dürfen. Sie sollten ohne Schuldgefühl aufwachsen und das Lernen soll immer aus den Fragen des Kindes heraus entstehen. Aggressionen sollen und dürfen ausgelebt werden, auch körperliche Auseinandersetzung werden solange geduldet, solange keine anderen Kinder systematisch unterdrückt werden. Auch die sexuellen Bedürfnisse der Kinder sollen befriedigt und unterstützt werden.

4 Emanzipatorische Erziehung

In der emanzipatorischen Erziehung stehen die Kinder auf der gleichen Ebene, wie ihre Eltern, sie sind gleichberechtigt. Sie tragen Verantwortung, haben Aufgaben und Pflichten, sollen selbstständig sein. Sie sollen lernen, mit Problemen umzugehen und eigenverantwortlich eine Lösung zu finden. Ziele sind die Mündigkeit und Emanzipation. Mündigkeit bedeutet dabei volle Selbstständigkeit und Verantwortlichkeit gegenüber einem selbst und der Gesellschaft gegenüber, auch im juristischen Sinne. "Unter Mündigkeit als pädagogische Zielvorstellung versteht man die Fähigkeit und Bereitschaft des Menschen, sein Leben aus eigener Vernunft, gestützt auf Einsicht und kritisches Urteil, durch selbstständige Entscheidungen verantwortlich zu führen" (Weber 1974). Mündigkeit darf jedoch nicht als endgültiger Status verstanden werden, sie ist eher ein Prozess, der unabschließbar ist. Der Begriff der Mündigkeit wirft jedoch Widersprüche auf und wir als statisch und einseitig missverstanden (vgl. Weber 1974). Durch den Begriff der Emanzipation sollen politische und erzieherische Ziele miteinander verknüpft werden. Die Herrschaft von Menschen über Menschen und sinnlose Abhängigkeiten sollen abgeschafft werden

5 Antiautoritäre Erziehung heute am Beispiel Summerhill

Eine der wohl bekanntesten Umsetzungen der antiautoritären Erziehung ist die Privatschule Summerhill in England. Sie wurde 1921 von Alexander S. Neill für 40-60 Schüler zwischen fünf und sechzehn Jahren gegründet. Aufgrund der hohen Schulkosten sind die Kinder meist aus wohlhabendem Elternhaus. Neill selbst hatte das Ziel, Autorität vollkommen abzuschaffen und die Kinder sie selbst sein zu lassen. Es geht um individuelle und innere Freiheit, die Kinder sollen keinem Druck ausgesetzt werden. Ohne Moral, Zwang und Verbesserungsversuchen glaubt er, dass die Kinder ihr Glück finden. Sie sollen tun und lassen können, was sie wollen, frei und glücklich sein. "Kindsein ist nicht Erwachsensein; Kindsein heißt Spielen, und kein Kind kann zu viel Spielen. Die Theorie von Summerhill ist: Wenn ein Mensch als Kind genug gespielt hat, wird er sich danach an die Arbeit machen und die Schwierigkeiten meistern" (Neill, Alexander Sutherlandv1990).

Auch der Unterricht ist freiwillig, der Stundenplan gilt nur für Lehrer. Bücher haben nur wenig Bedeutung, denn auch Kinder die monate-, sogar jahrelang keine einzige Unterrichtsstunde besuchten, konnten am Ende ihrer Schulzeit lesen, schreiben und rechnen. Trotzdem gibt es Regel, die auf Vollversammlungen gemeinsam beschlossen werden. So ist zum Beispiel das Rauchen unter 16 und jeglicher Alkoholkonsum verboten. Auch die Bestrafungen bei einem Verstoß gegen diese Regeln werden auf der Vollversammlung beschlossen, für einige Verstöße gibt es jedoch automatisch Geldstraßen. Jede Woche hat ein anderes Kind des Vorsitz, es wird jeweils vom Vorgänger ernannt. Eine weitere Besonderheit ist, dass Schüler und Lehrer das gleiche Stimmrecht haben.

Neill unterschiedet zwischen Zügellosigkeit und Freiheit. Freiheit heißt bei ihm Geben und Nehmen und nicht einfach tun und lassen, was man will. So kommt es vor, dass der Lehrer die Schüler aus dem Zimmer schickt, um ungestört sein zu können, ebenso können dies aber auch die Schüler tun.

Doch freies entwickeln lassen bedeutet nicht, dass die Kinder nicht beschützt werden sollen, etwa davor, auf die Straße zu rennen oder sich anderweitig zu verletzen.

Neill ist weiterhin der Meinung, dass die Kinder von Summerhill im späteren Leben gut zurechtkommen werden und Berufe gemäß ihren Charakteren und Fähigkeiten ergreifen. Sie werden Ärzte, Rechtanwählte, Universitätsdozenten, Künstler oder Ingenieure. Nur wenige werden dagegen Lehrer, denn es gibt nur ein Summerhill und ihnen graut vor der Vorstellung, Kinder unterrichten zu müssen, die viel lieber spielen würden. "Ich glaube, daß meine früheren Schüler nicht unterrichten wollen, weil sie zu ausgeglichen und zu selbstkritisch sind, um Würde zur Schau zu tragen und Gehorsam, Respekt und Unterordnung zu Verlangen" (Neill, Alexander Sutherland 1990).Auch Politiker treten aus Summerhill selten hervor, wahrscheinlich, weil sie einfach zu ehrlich sind, was sich mit der Politik nur schwer vereinbaren lässt. "Um es zusammenzufassen: Was für eine Art Menschen bringt diese Schule hervor? Wenn man es einmal negativ sagen will: Was sie nicht hervorbringen könnte, wären Menschen, die Juden oder Neger hassen; Erwachsene, die Kinder schlagen; Moralisten, die ihre Kinder nach ihrem Bilde formen möchten" (Neill, Alexander Sutherland 1990).

Die Schüler lernen freiwillig und wenn sie es tun, haben sie Lust dazu und lernen wesentlich schneller als Schüler auf regulären Schulen. Auch deshalb sind die Schüler von Summerhill konkurrenzfähig. Die Kinder werden ihres Alters entsprechend aufgeteilt, die Grenzen sind jedoch fließend. Auch Geschwister mit Sprachproblemen bleiben meist zusammen, damit sie voneinander lernen können.

Einmal wöchentlich erhalten die Kinder Taschengeld, je nach Alter in entsprechender Höhe. Religions- und Sportunterricht gibt es nicht. Neill ist der Meinung, dass sich gesunde Kinder automatisch genügend bewegen würden.

Die Unordnung im Schulgebäude sei laut Neill nichts ungewöhnliches. "Ein Psychologie schrieb einmal, daß jeder, der auf Ordnung Wert legt, seelisch und geistig irgendwie nicht in Ordnung sei" (Neill, Alexander Sutherland 1990). Papierfetzen auf dem Boden und Stoffreste im Schlafzimmer sind einfach nicht wichtig, die Kinder sehen sie gar nicht. Sie sind so beschäftigt, mit dem was sie gerade tun, dass ihnen die Unordnung um sie herum gar nicht auffällt. Ihr inneres Wohlbefinden ist ihnen wichtiger, als die äußere Aufmachung (vgl. Neill, Alexander Sutherland 1990).

Ihre Sexualität sollen die Kinder frei entfalten können und sie nicht unterdrücken müssen. Sexualunterricht erachtet Neill als sinnlos. Mädchen sollten nur wissen, dass sie ohne Verhütung schwanger werden können und Jungs sollten wissen, dass Geschlechtskrankheiten gefährlich sind. Er ist der Meinung, dass die Kinder ihr Wissen über die Sexualität von anderen Kindern bekommen. "Die meisten meiner Schüler haben ihr Leben unter guten Voraussetzungen begonnen. Sie wurden wegen Onanie nicht ins Gebet genommen oder bestraft; viele sind von zu Hause an Nacktheit gewöhnt. Im ganzen ist ihre Einstellung zur Sexualität gesund und natürlich" (Neill, Alexander Sutherland 1990).

Kritisiert wird an Summerhill, dass die Kinder in einer Scheinwelt leben und die Schule nur für privilegierte Minderheiten finanzierbar ist. Weiterhin würden emotionale Fähigkeiten über die kognitiven gestellt und auch die freie Entfaltung der Sexualität wird kritisiert.

6 Schlusswort

Wer heute behauptet, autoritäre Erziehung sei nicht mehr zeitgemäß, der lügt. Natürlich ist es immer schwer, ein Urteil abzugeben, wenn man selbst noch keine Kinder hat. Man hat leicht reden, wenn man noch nie in einer Situation war, in der sich das Kind in der Öffentlichkeit weinend und schreiend auf den Boden warf und unbedingt Süßigkeiten wollte. Kinder brauchen Orientierung, Halt und Vorbilder. Das perfekte Rezept dafür gibt es nicht. Jedes Kind, jeder Elternteil, jeder Erzieher ist anders, bringt seinen eigenen Charakter und verschiedene Eigenschaften mit, mit denen individuell umgegangen werden muss.

Meiner Meinung nach muss es immer einen Mittelweg zwischen autoritärer und freier Erziehung geben. Man sollte auf sein Gefühl hören und nicht blind auf Erziehungsratgeber vertrauen. Doch gerade die Masse an Erziehungsratgebern zeigt die Unsicherheit in der Gesellschaft beim Thema Erziehung.

Grenzen sind wichtig, doch die kann man meistens nur mit Autorität setzen. Grundlage sollte aber immer Liebe, Geborgenheit, Schutz und Zuneigung sein.

7 Literaturverzeichnis

Geissler, Erich E. (2006): Die Erziehung - Ihre Bedeutung, ihre Grundlagen und ihre Mittel. Würzburg: Ergon-Verlag.

Weber, Erich (1974): Autorität im Wandel - Autoritäre, antiautoritäre und emanzipatorische Erziehung. Donauwörth: Verlag Ludwig Auer.

Reichenbach, Roland (2011): Pädagogische Autorität - Macht und Vertrauen in der Erziehung. Stuttgart: Kohlhammer-Verlag.

Neill, Alexander Sutherland (1990): Das Prinzip Summerhill - Fragen und Antworten. Reinbek b. Hamburg: Rowohlt-Verlag.

Paffrath, F. Hartmut (1972): Das Ende der antiautoritären Erziehung? Eine Konfrontation mit der Schulwirklichkeit. Bad Heilbrunn: Klinkhardt-Verlag.

Myhre, Reidar (1991): Autorität und Freiheit in der Erziehung. Stuttgart u.a.: Kohlhammer-Verlag.